遙遠的地方有個秘密

A Secret in a Distant Place

張冠詩集
Guan Zhang's Collection of Poems

張冠 著

美商EHGBooks微出版公司
www.EHGBooks.com

EHG Books 公司出版

Amazon.com 總經銷

2015 年版權美國登記

未經授權不許翻印全文或部分

及翻譯為其他語言或文字

2015 年 EHGBooks 第一版

Copyright © 2015 by Guan Zhang

Manufactured in United States

Permission required for reproduction,
or translation in whole or part.
Contact：info@EHGBooks.com

ISBN-13：978-1-62503-232-4

目錄

目錄 I
自序 III

距離 1
春天的謊言 3
楓葉 4
童年 5
無題（一） 7
麥田之歌 8
給 S 10
致麥子 12
船票 13
角落（一） 14
同齡人 15
夥伴 16
是否 17
表演 18
一個時代的幸福 19
怒放 20
枷鎖 22
達達 23
醒 24
期待 26
角落（二） 28
筆和兄弟 30
幸福的荊棘路 31
紙飛機 33

過客	34
種子	35
無題（二）	37
趕路人	38
距離和海	40
紅裙子	43
幻想中的透明	45
美麗的錯誤	47
暗號	50
無題（三）	51
夜	52
車站	53
給 J	55
童話	57
無題（四）	59
長相思（古體詞）	60
她們	61
模範情詩	63
關於路燈的那些記憶	64
單反玻璃	65
門	66
相遇	67
明天	69
自然現象	71
女朋友	72
路口	74
看海	76
見到你	78
後記	81

自序

　　記得那是一個夜晚，宿舍裡的兄弟們都睡了。在床頭臺燈並不明亮的燈光下，我拿起了筆和本子，寫下了幾行字。後來，這種場景時常地發生。慢慢地，我發現本子裡文字的行數多了起來。我記不清我寫過的第一首詩的確切時間和地點。不過我知道，那應該是在我上小學的時候。我記不清楚那首詩的具體內容，我只知道那天我在做作業，作業沒做完，但卻作了一首詩。

　　上了大學以後，我對詩歌，尤其是現代詩歌的熱愛更加地濃烈了。一個二十幾歲的小夥子，內心的激情和浪漫，迷惘與叛逆，在一首首的詩裡仿佛找到了最好的答案。答案不一定是唯一的，也許隨著時間的推移和閱歷的增加，會有不同的感悟。但唯一不變的是那不甘於向世俗投降，不去向平庸低頭，敢於質疑和挑戰的勇氣和那顆真誠的跳動著的年輕的心。

　　每次走進書店，我都會在詩歌的書架前面看上許久。雖然詩歌的區域只有小小的一塊兒，在前面徘徊的或許只有寥寥的幾個人。但是，每當我看到那一行行凝練的充滿熱情的文字時，我深深地覺得其實孤獨並不可怕。

　　在大學裡，我又開始去寫詩。這次距離我小學時候的那次寫詩相隔了好久。我知道這不是一個人們喜歡讀詩的年代，尤其在年輕人裡，詩歌距離我們似乎越來越遠。因為在這個年代，詩歌不會給我們帶來朝思暮想的漂亮的性感女生，更不能帶給我們畢業後的豐富薪水的工作。冒著沒有讀者的風險，我在宿舍、教室、圖書館等任何可以拿起筆打開本子的地方，潦草地塗塗改改，寫下了一行又一行，至少還能把自己打動的文字。而奇怪的是，不論周圍的環境如何，我始終相信在世界的某個地方，一定會有人與我一樣，在看似傻乎乎地執著地拼命尋找和發掘人們內心深處最真摯的感動和對生活的愛。

　　這本詩集收錄了我從二零零五年到二零一零年期間創作的詩。詩的內容和風格似乎代表了我每個階段的狀態。我有時候也會猜測和回憶我當時寫每一首詩的確切的動機。可無論如何，我都明白，那些思緒都與一個年輕人內心深處最純粹的情感有關。關於情感，不需要用文字去直接解釋。懂你的人，只需彼此微微一笑，因為那個藏在遙遠地方的秘密，只有我們知道。

張冠

2015 年 6 月於美國洛杉磯

距離

回憶沉澱在記憶的車輪裡

走過平坦與荊棘

留下歲月的痕跡

思念的痛穿梭於那不被遺忘的夢境

默默地

聆聽來自心靈深處的回音

落日的餘暉依然光亮

在進與退的思索中流淌

天黑了

無邊的麥田留下孤獨的影子

在夜的懷抱裡守望

百合帶來了春的召喚

像孩子的眼睛

透出露水般的晶瑩與無法掩飾的秘密

有一天，孩子哭了

淚水浸濕了水火交融的大地

陽光走進了敞開的心田

帶來了黑夜中對清晨的向往

拾起了在寒冷中對溫暖的渴望

在無盡的原野中

我

尋找著彼岸的距離

在風的怒吼中

誰

也別想逃避

2005.7

春天的謊言

風雨的呼喚

帶來彼此曾經的歌

褪色的花蕾

吟唱著夢中的蹉跎

落下年輕無悔的述說

和獨自喧囂後的沉默

友情燃燒的時候

就像是朵朵明亮的篝火

多少純真與歡樂

是回憶裡不停旋轉的陀螺

我相信美好的傳說

那是不老的承諾

帶走春天的謊言

留下天真的你我

2005.10

楓葉

無人的小巷

滿是塵土的街上

漂浮著誰的幻想,誰的渴望

遠去的楓葉

映襯著赤霞和夕陽

帶著沖動和迷惘

惆悵與憂傷

去了一個很遠的地方

它想起露水和青草

想起水中的月亮

想起雨後的故事

和它久違的樹梢

2005.10

童年

1
手中的楓葉
是心愛的書簽
我拿起彩色筆
去小河去秋千
風車編織的故事
在童話裡上演
蝴蝶青草陪伴著
回家路上的少年

2
天真的年紀
被風花卷起的心
不知寫給誰的信，寫給誰的日記
那時候的雨
與淚水交織的漣漪
留下久違的足跡
多少點點滴滴

3
在放學的路上
她拉著我衣裳
說我們一起
一起去看夕陽
夕陽是什麼
我們不會想
只知道在遠方

是風箏的故鄉

4
流淌的童年
一張張純真的容顏
如今拿起了泛黃的照片
又想起了那春天
似水的流年
一張張陌生的臉
風雨擋不住的
是遙遠的從前

2005.10

無題（一）

昨天留下了什麼

告訴我

天還很藍

夜晚出現了幾顆星星

星星眨著眼

她不說話

卻讓我呼喊

說海誓山盟永不變

說這是謊言

謊言不會眨眼

是蝴蝶飛舞的塵煙

把故事和愛戀

融化在燃燒的火山

迸發出溫暖的熔岩

2005.11

麥田之歌

一望無際的路上

我尋找命運的方向

來往的人群中

感受著孤獨的渴望

我對自己說

人們在追趕著什麼

為了生活

忙碌在這個角落

在這樣的夜晚

我看到遠方的原野

有天真的笑臉

還有金色的麥田

我又一次對自己說

人們在追趕什麼

現實中的你我

想遠走卻不能逃脫

虛假的永遠

飛向了遙遠的彼岸

寂寞的心靈

在流浪中飄遠

刺耳的吶喊

揮霍著空曠的藍天

守望中的麥田

不計較喧鬧的人煙

2005.11

給 S

看著天，問你在哪裡

哪裡有回聲，我去哪裡

即使是無底的山谷

我把喜悅帶去

呼喊中

是自己

是一顆火熱的心

把愛與恨的泉水

湧入清澈的小溪

聲音如風鈴

也像汽笛

開啟沉睡的水滴

也像飛舞的風箏

想要遠走大地

但又不能逃離

留下什麼

是自己

是淚與火的思緒

注入幹涸的土地

春風掠過平原

喚起無知與新綠

像孩子在哭泣

用淚水溶解冰冷的心

他把自己拋棄

又把昨天拾起

靜靜地在孤獨中回憶

　　　　　　　　　　2005.11

致麥子

我把手放在胸前

感受心跳

把麥子裝進兜裡

去收割奔跑

她的眼睛像露水

浸濕了我的心跳

我想起那時

一個秋天的飄渺

秋天到了

楓葉離開樹梢

就像帆在空中飄

我對她說

她很自由

她的眼神像長滿楓葉的樹梢

在麥地裡奔跑

揮舞著鐮刀

2005.11

船票

我有一張船票

我拿著它不知去向

去遠航

或者去流浪

伴著海與風的呼聲

向天空歌唱

歌唱什麼

歌唱希望

我丟棄了船票

它飛進大海

搖擺著

沒有方向

2005.11

角落（一）

枯枝矗立街頭

落葉飄散風中

擄走秋天的問候

招手寒冬

忙碌帶不走

兩手空空

我在寒風中

聽它的怒吼

把悲哀和怨訴拋在心頭

卻在心底與你相擁

2005.12

同齡人

呼喊記憶中的無悔

是你我曾經的歌

歌唱中的歲月

還有那輛單車

把鐵馬化成玉帛

黑夜有了顏色

知道故事中的往事

沒有假設

也沒有如果

不安中

也沒有了傳說

把它放入永恒的漩渦

流出吝嗇的秋波

也有幾片葉子浮過

想起曾經的歌

是同齡人

同樣的追夢時刻

不能錯過

曾在迷霧中的承諾

2005.12

夥伴

渺小把昏庸當做知己

無恥把偽善稱為朋友

純潔似乎沒有了夥伴

不

它與自由牽手

2005.12

是否

無知取代的歡鬧在身邊咆哮

幸福彼岸的花蕾我在尋找

在不被遺忘的黃昏裡感受塵土

人群中卻擠出了可憐的祝福

縈繞在空中不滅的繁星

是耀眼後的甦醒

遙遠的清晨

是未知的黎明

2005.12

表演

荒蕪的追求是遊戲

渴望的腳步是奢求

虛無的夢境在塵埃中

帶著幻想漂浮

期待中的表演

在未知中結束

把吶喊當做掌聲

誰又是觀眾

冷漠凝視不語

鼾聲掠走美夢

面具掩飾著主角的臉

低吟著臺詞

在霓虹中謝幕

黑夜似乎有了溫度

可他卻搖曳著旌旗

在向自己說不

2005.12

一個時代的幸福

一道閃電

並不遙遠

發出耀眼的光

有人說那只是瞬間

瞬間一轉眼

它不願走遠

卻在雲霧中消散

它不會走遠

被人留在身邊

2006.1

怒放

我的叛逆被火燃燒了

有水要澆滅我的叛逆

卻被我的狂熱蒸發了

隨後化成了雨

雨降下來

濕潤了他

我是誰

他不清楚

就像他不清楚他是誰

我還在叛逆

我的叛逆被笑聲掩埋

而我聽到的卻是心靈深處的哭聲

他被我的勇敢嚇壞了

隨後流出了淚

淚水化成了雨

雨降下來

淋濕了我

他是誰

他不清楚

就像他不清楚我是誰

2006.1

枷鎖

我們生活在枷鎖裡

鐵質的枷鎖

它鎖緊了柔軟的我們

我們的柔軟成全了枷鎖

就像枷鎖的堅硬成全了它自己

它是枷鎖

僅僅是一個鐵質的枷鎖

有一天

它真的生鏽了

2006.1

達達

是它

對桎梏的籠子說不

把廢墟中的美麗攏住

投入狂流

去尋找生命中未知的禮物

2006.1

醒

醒來吧，孩子

你睡得太久了

久的甚至讓人想入睡

我沒有入睡

我對你說

醒來吧，孩子

告訴我你夢見了什麼

你說你夢見了花朵

還有人從中經過

你不願離去

仿佛成了花朵

花朵被人摘走了

丟棄在一個角落

我說這不是角落

只是人們在閃躲

風把你吹走

你回到了那裡

又成了花朵

醒來吧,孩子
你睡得太久了
久的甚至讓人想入睡

你的未來不是塵埃
你要向這個世界去表白
但是
你
必須醒來

2006.1

期待

我期待著你的到來

不知你在何方

而我只能期待

命運不是最終的歸宿

而相遇是我的期待

我在夢裡與你相約

你的純潔讓我忘記周圍的無奈

你的眼睛如泉水般甘甜

你用它們告訴我你也在期待

也許我們即將從夢境中醒來

不過你仍是我的期待

寂靜的夜空下有我孤獨的影子

我在期待中守望未來

你雖然沒有漂亮的外衣

卻讓我感覺到溫暖的存在

那是來自心靈深處的呼喚

同樣

也是我的期待

              2006.3

角落（二）

這是一個角落

全是灰塵

灰塵使人墮落

塵土飛揚

我無法呼吸

我渴望新鮮的空氣

但我只能歎息

我知道

歎息是無用的

我知道我的歎息只能帶來更多的灰塵

灰塵湮沒了我

我的皮膚髒了

但心靈依舊潔白

我是個傻瓜

一些人這麼說

傻瓜說我是傻瓜

我很自豪

因為我是傻瓜眼裡的傻瓜

有人哭了

哭得是那麼的悲傷

我會罵他懦弱

他會說我無情

我沒說什麼

我只能拿起酒杯

去幻想另一個純潔的夢

2006.3

筆和兄弟

拿起韁繩

兄弟

捆住那些廢墟

把它們扔到海裡

去聽那濺起的水聲

如同波濤般永不停息

是的

我必須坦白

我知道海裡有一個世界

那裡也有廢墟

海面上的浪花在咆哮

還有岩石

它們是兄弟

我聽到了這種聲音

於是拿起了筆

和它一同尋找

尋找那條久違的韁繩

和失散了的兄弟

2006.3

幸福的荊棘路

我不得不承認

這條路很長

這是條漫長的路

我再一次承認

我承認有一天海洋會決堤

就像我們

有一天都會老去

老去的我們不會孤寂

因為我們有驚濤駭浪般的回憶

回憶中的我們在路上

路上滿是荊棘

老去的我們把恐懼當做遊戲

不再幻想火一樣的黎明

去拾起幸福的淚滴

我們笑了

我們的樣子像一個個孩提

因為我們的內心沒有老去

我們是幸福的

因為我們有回憶

我們的回憶裡有一條長路

路上滿是荊棘

2006.3

紙飛機

它們帶著幻想起飛了

黑夜，白天

風雨，閃電

那是個深不可測的峽谷

裡面有不可捉摸的風帆

它們的身軀是紙做的

卻整日盤旋在命運的桅杆

它們在風的指引下飄散

又在不知不覺中

墜入深淵

2006.3

過客

昨天閃過了兩只眼睛

就像是流星

但流星不會眨眼

它在黑夜裡穿行

它告訴我它用酒來洗清汙泥

可誰來告訴我酒又是什麼

酒是孤獨者的借口

是膽小者的武器

丟掉了靈魂的軀體

穿上了漂亮的外衣

它告訴我們

我們都是過客

我們不厭其煩地眨眼

不停地呼吸著空氣

在看似遠離孤島的地方

不肯匆匆離去

2006.4

種子

溫暖的朝霞迎來了你
你用溫度點燃自己
燃燒了火熱的心
燃燒了火熱的你
你的影子無處不在
像大海的波濤
洶湧澎湃

未知的路途
迷惘的現在
流淚的時候
無情的等待
山崗下的稻田
不去理睬與理想有關的無奈
你是一粒種子
讓人們看到希望的存在

透明的花蕾映紅金色的黃昏
紅色的光輝將大地點燃
也點燃了幻想中不滅的繁星
和對種子的期待
田野中奔跑著跳躍的音符
是白色的鬱金香
是絢爛的紫羅蘭
種子揮灑的無限青春

不願意在角落裡徘徊

遠在天邊的啟明星
照亮了種子不為人知的秘密
種子把生長當做表演
可沒有喧囂的觀眾和華麗的舞臺
遙望中綠色的原野
讓種子在睡夢中醒來
不在乎冷漠與悲哀
現在與未來
是力量的煙火
把種子埋藏在自由的海岸

歲月在年輪裡旋轉
種子在熱血裡趕來
它在寬容的大地裡忘記了無奈
留下了色彩斑斕的回憶
和朝陽般激情迸發的年代

2006.4

無題（二）

他又醉了

他說醉是孤獨者的蘇醒

他醒來後看到了黎明

可黎明又能怎樣

太陽總會落山的

他承認太陽的確會落山

山後面有個太陽

他好像墜入了一個峽谷

那個峽谷深不見底

就像智者的目光

有著不可捉摸的秘密

他知道他的軀殼太髒太舊了

他把靈魂的聲音在夜晚的歡鬧中聆聽

聽到了呼喊的風雨

和永恒的回音

2006.4

趕路人

1

路旁有杯清水
有個人拿起來喝了
他說他渴了
他說他是個趕路人
他放下杯子
杯子裡的水被他喝幹了
他留下空空的杯子
杯子被他放在路邊
沒有人會注意那個空杯子
就像沒有人會注意他

2

他看到了一雙破舊的鞋
不可否認這雙鞋是破的
皮子已經爛了
卻露出灰色的笑臉
他也笑了
他看著自己的鞋笑了
他會哭嗎
會的
可他的眼裡沒有淚水

3
他看見身旁的一個人和自己一樣
與自己一樣渴望著遠處的太陽
太陽掛在天上
不過他說他看到了夕陽
不要說了
他真的哭了
他說明天清晨一定會有初升的太陽
是的
就會有朝陽

4
他想起剛才喝了杯子裡的東西
他發現杯子裡透明的液體不是水
而是酒
旁邊的人說他醉了
他說他沒有
旁邊的人讓他趕快睡去
他說他不累
可明天還得趕路
旁邊的人對他說
明天，後天
再明天，再後天
他們走了
他們還得去趕路

2006.4

距離和海

1
她的過去是風的影子
風把她帶到我的眼前
見到她
我的眼裡沒了淚水
我的淚水就這樣消失了

2
塵埃中
她像我一樣是一個孤獨的旅人
孤獨旅人的旅途是漫長的
她要找的不是長路的終點
而是心靈的歸宿

3
命運像風車一樣旋轉不停
歌曲像流水一樣婉轉動聽
她就像愛的小河
情的小溪
穿梭於堅硬的山谷和岩石的罅隙

4

我很清楚這是怎樣的黎明
純淨的心都會在這時蘇醒
我看到幻想中真誠的親吻
和現實中誠摯的表情
是時間的流逝讓歲月顯得無情
是沒有結局的開始在宣判著彼此的無期徒刑

5

她在永恒中傾聽
傾聽她想要的歌曲和她追尋的心靈
美好的祝福是上天派來的天使
愛的相遇是生命中永不枯竭的主題
我是這樣的渴望幸福
就像她是那樣的渴望愛情

6

在她心中遙遠的地方停泊著一顆同樣等待的心
這顆等待的心是年輕動聽的旋律
這是令人羨慕的奢求
是埋藏在內心深處永遠的甜蜜

7
我又一次睜開了自己的眼睛
我的幻想觸摸了她心裡那不可告人的秘密
就像她觸摸了我心裡不停想象的風景
沒有連綿的細雨
沒有嫉妒的猜疑
只有眺望後發現的美麗
和默默無聲中永不消失的話題

8
她在宿命中等待相識
又在相識中等待宿命
她想去海邊
聽海的呼喚
看海的潮汐
她似乎聽見了海的聲音
這聲音告訴她
有一艘即將離港的船拉響了遠航的汽笛

2006.5

紅裙子

有誰能說清楚這是什麼

默默地

我默默地承受

她與我是疏遠了

還是更近了

默默地

我默默地猜測著

我流下兩行淚

衣服濕了

因為衣服上有我的淚

又有誰能告訴我我為什麼會流淚

默默地

我默默地等待回答

我在這個午後開始自問

如果等待是最終的結果

那麼我的確被擊敗了

我敗在自己的腳下

我坐在地上

默默地

默默地注視著在我身邊閃過的紅裙子

火一樣的紅裙子

2006.5

幻想中的透明

是否有一種東西叫單純

如果是這樣

我也許是單純的

單純的我遇到了單純的她

從此結束了一個人的旅行

這個港灣是停泊後的渡口

擺渡人在歌唱

我喜歡這支歌

她也喜歡

我看見遠處升起了一個紅彤彤的東西

她說那是一團炙熱的火

火焰的光輝照亮了我

也照亮了她

我清楚地看見了她

我聽見她在歌唱

這是真的嗎

可能吧

我可能又在幻想

但至少我的幻想中有她

她在我的幻想裡漂浮

她是透明的

我抓不住她

即使抓到也會從指間溜走

這透明的東西會去哪裡

她會出現在另一個人的幻想裡

也許

還會出現在更多人的幻想裡

我將怎麼辦

我不會停止我的幻想

在那裡我有一個期許

我深深地又莫名地戀著一個人

這個人是透明的

而且

在我的幻想裡

2006.5

美麗的錯誤

1

盛開的百合也有受傷的一天
它遇到了一只帶刺的玫瑰
風中飛舞的落葉不能說明什麼
唯有枯枝暗示了存在
百合預知的芳香
讓這軀幹更加筆直
風在說話
百合依舊要盛開
玫瑰呢
玫瑰依然美麗

2

她的身旁圍繞著未知的美麗
她感受到這未知的一點點
就足夠了
只要有未知的出現
她也就成了別人眼中的未知
一個人在未知中猜測
猜測薄霧裡透出的美
和無法觸及到的想象

3
百合在晨的微微晴朗裡感受到了露水
露水的晶瑩打動了玫瑰
玫瑰是美麗的
百合也一樣
是露水的掩飾讓他在邊緣漫步
而生命是未知的

4
他看到了百合的孤芳自賞
聞到了玫瑰的淡淡芳香
可她呢
繼續讓身旁的未知蔓延
只要未知存在
她的滿足就不會有終點
他猜測著她深不可測的滿足
是起點在暗示他
還是終點在審判他
他的猜測仍然在持續
而答案呢
唯有她知道

5
玫瑰仍然在開放著
百合也沒有凋落
玫瑰的刺刺入百合
百合的身體流出了深思後的露水
而玫瑰帶刺的掙紮
唯有他能體會

6
她的未知呢
仍然在她身旁
未知不能讓她去預言將來發生的可能
卻讓他想到了蘇醒之前的占有
他的內心在堅硬中透出了柔軟
就像玫瑰的刺

7
她忘記了百合
他呢
他卻不能忘記玫瑰
他的玫瑰是美麗的
而這糾纏的本身
就是一種錯誤

2006.5

暗號

是火的燃燒將現實湮沒了

露出鮮紅的血絲

和披頭散發的恐懼

你慌張什麼

未來在哪兒

天空中密布的烏雲久久不散

地面上潮濕的空氣將乾燥遮掩

鍍了金的海面

生了鏽的沙灘

一個老去的少年

還有幾個迷失的夥伴

2006.6

無題（三）

她把瞬間的永恒化成思念的痛

又使這朦朧像冰一樣凍結

有船要起航

駛向天與地親吻的方向

有人要傾吐衷腸

在水與火交融的地方

2006.6

夜

沒有人在黑夜裡聆聽他的歌聲

音符在夜的寂靜中飄舞

孤獨,無助

沒有繁星的夜

一個人抬頭仰望

散去的烏雲是他曾經的影子

在天空的最深處

把邊緣的苦痛推向白天

又一個晚上

又一個白天

又一個遲來的清晨

又一個夜

2006.6

車站

1

一個遙遠的小城外
有個陌生的車站
在小城的車站旁
有個熟悉的夥伴
他寧靜的眼神
遙望著未來
他緩慢的腳步
徘徊在現在

2

有一群趕路人
路過他身旁
有人在期待
也有人在發呆
呼嘯的列車
還沒有到來
那個年輕人
還在執著地等待

3
他說他等待著愛情
渴望已久的愛情
他說他要去的地方
那裡有等他的姑娘
他說那裡叫做遠方
那是個開滿鮮花的地方
他說那裡沒有痛苦
也沒有孤獨的淚光

4
時光奔跑的匆忙
他改變了模樣
是幻想,是流浪
是希望,是絕望
這旅途到達的地方
是生命揮舞的方向
他說他已經在路上
他說他看到了光亮

2006.9

給 J

1

我看到了你
才發現我找到了美
在那個黑夜還沒有到來的黃昏
我聽到了你的歌
兩根生了鏽的琴弦
斷了
留下飄在空氣裡的回響
可聲音沒有斷
我繼續聆聽
旋律依然在繼續

2

我眨了眨眼睛
眼前的一切依然清晰
影子
漸漸遠走而又靠近
回憶
回憶依然在繼續

3

音符和閃電似乎有著微妙的關系
可雨水呢
說不清
可能到了該告白的時候
好了
這裡沒有小溪

我沒收了一點光亮
作為永久的收藏
但火種還沒有燃燒
我很快否定了自己
因為
在某年某月的某一天
它
的確燃燒了

4

我在樹林裡感受氣息
我拿出鑰匙
掌管孤寂
沒有門
就像沒有咆哮的嘈雜
就像沒有呼喊的喧嘩
可是
只要有歌聲
就足夠了

5

是的
一切都會過去
別忘了歲月裡的痕跡
在某年某月的永恆中
拾起有關某年某月的回憶

2006.9

童話

那是一只蜜蜂

親吻著花園深處靜靜躲藏著的你

而你卻去擁抱稻草人

在鮮綠的田野裡

尋找那失落的翅膀

孩子，哭泣

淚水變成蝴蝶

變成在螢火蟲的光亮下不停閃爍的印記

還有春天

春天是大地派來的天使

她戴著嵌有花邊的帽子

在沒有屋簷的房子旁邊

遮擋下落的水滴

有人拿著彩筆

勾畫著被風遺忘的過去

無知的世界在回憶中遠離

留下孩子在嬉戲

楓葉載著小蟲在沒有雨的秋季裡飄零

月亮倚著梧桐在滿是星星的夜空裡思緒

天使和孩子討論著有關翅膀的話題

在歡鬧過後的腳步裡

流出了並不孤獨的靜寂

可是這時

樹上掉下了紅色的果子

驚醒了樹下沉睡的少年

和少年心中懵懂的夢境

2006.10

無題（四）

被黃昏浸泡過的小巷

在夜的凝望裡走向寂靜

被海風擁抱過的岩石

在潮的進退裡渴望奇跡

那是在森林深處無人知曉的火種

那是在相互打量後

出現在戀人眼裡的瘟疫

2006.10

長相思（古體詞）

何人月下起舞，翩翩秋水情

寂寞琴聲起，簫聲卻落

無奈望月念嫦娥

可知飄渺，江水煙波

無情卻妒我，多情又幾何

夢裡伊人，念念春色

袖起胭脂，婉轉婀娜

可憐才子，匆匆春去

遙望江南，陣陣秋風過

不應笑我，把酒暮色

自古多情於佳人

只留相思錯

2006.10

她們

是感覺的冬夏讓我把遙遠變成可能

沒有淚光

我心裡有關愛的沖動在你身邊發芽

可又是誰帶走了嫩葉

讓它們枯萎在各自的腳下

關於這個沒有消息的回憶

又讓我產生在記憶裡尋找的動機

鮮豔是花本來的顏色

就像嫩葉的綠

在並不痛楚的旋律裡

再次喚起我體內曾澎湃過的心

那代表美好的彩色風鈴

在反覆的矜持中迷失了自己

那曾溫暖彼此的話語

在被時間遺忘後成為過去

沒有誰能在清醒裡逃避

就算麻醉後

那渴望的嚎叫也能把你驚醒

使你相信

有愛

就能相遇

　　　　　　　　　　　　　　2007.1

模範情詩

有扇布滿冰霜的窗

在嚴冬裡護著溫室抵擋風寒

有朵含苞待放的花

在花叢中擁抱著芳香為美而開

有匹年輕健壯的馬

在道路上背著夢幻飛奔向前

有艘從不拋錨的船

在巨浪裡望著對岸任風搖擺

還有呢

還有個癡癡守候的人

緊握著翩翩起舞的帆

在風雨中輾轉

把握著航線

2007.1

關於路燈的那些記憶

有關路燈

它的光並不明亮

可飛蛾卻不在乎

有關暗淡

人們有著不同的感受

可心靈卻不說謊

讓不知不覺中的他們

在路燈下

邂逅美麗

2007.1

單反玻璃

你我之間有一張單反玻璃

玻璃這邊的我

不停地欣賞著你

而玻璃那邊的你

卻不停地欣賞著自己

2007.3

門

他把眼睛蒙上了

卻更清楚地看到了世界

有幾滴水落在了他的身上

他卻感到了血的溫度

熱總會帶給冰冷有關融化的可能

而固執卻無所謂

他就像一把鑰匙

在沒有鋸齒的鐵鎖外

徘徊

2007.4

相遇

1

總在夜深的時候
一個人坐在屋頂上
唱著喊著愛情的歌
卻在尋找那種時光
不願承認倔強的我
在現實中偽裝堅強
有時清醒，有時彷徨
也在畫板上畫她的模樣

2

這就像一場表演
從幕後到臺前
走在寂靜的大海邊
拾起一個個碎片
我在鏡子前
一年又一年
啤酒是苦的
而香煙
想要為你而點燃

3

我曾找個地方向四周仰望
年少輕狂以為找到了方向
你也曾走在擁擠的大街上
也沒有放棄對愛得渴望

4

我遇見了你
就像遇見天使的出現
把破舊的回憶都留給昨天
我會喝醉
為你而醉
為你抹去傷痛
來到你身邊

5

會有那一天
我們相遇得那一天
彼此流浪的心，寂寞的心
不必在留戀
就在那瞬間
我們相擁的那瞬間
你等待的心
年輕的心
還有美麗的雙眼

2008.8

明天

1
你說你要去很遠
去追逐那未知的旅程
如果選擇離去
我的硬幣該拋向哪裡

2
不要說遙遠的未來
我把我的畫筆折斷了又丟棄
多想彼此的消息
淹沒了距離
融化在溫暖裡

3
記得那一面
燭光閃爍,你在傾聽,
送你的書本裡都是回憶
人生就像路途
從相遇相知到相依
旅途沒有終點
而明天在哪裡

4
看看你的手心
寫滿純真
也默默地哭泣
把微笑當做勇氣

也得承認不想面對孤寂

5

時間帶走的是什麼
是青春
是童年的點滴
故事總是不完美
而結局在哪裡
就像流水不停息

6

心情總有起伏
我的安慰希望你會傾聽
沒有別人，只有你
浪漫彼此不會演戲
愛情就像旅途
不是牽牽手的遊戲
終究會，愛上你
而我的明天在哪裡

7

這麼晚了你一定還沒睡
而我在想你
想明天的樣子
沒有人會習慣孤單
我幻想著和你
那即將到來的
有關愛的冬季

2008.10

自然現象

兩朵雲在天空中纏綿

不一會兒

陽光就射了出來

2009.2

女朋友

1

我沒有女朋友
她也沒有男朋友
我該如何才能牽她柔軟的手
她周末和姐妹去郊遊
白天有帥哥圍在左右
我知道她是多麼渴望有一點自由

2

虛情假意的討好我不會
死皮賴臉的糾纏我覺得累
我會給她寫一首詩
伴她在夜裡入睡

3

一天我來到她面前
我知道她在等待我的開場白
我們已經對視了八秒鐘
但是彼此無動於衷
一群帥哥向她走來
他們笑著說想要請她吃牛排
我知道這是很好的開場白
她似乎要和我說拜拜

4
於是我轉身就要走
可是她卻拉住了我的手
我不知所措地看著她
她說我就是那個某某某
還有
她說她喜歡那首詩
她會記著它
一直到永久

2009.9

路口

1

這天天空格外的晴朗
我看見你路過我身旁
可是我不知如何對你講
是否願意和我一起去飛翔

2

人們都在看你迷人的模樣
你的長髮在微風裡飄揚
可我看到你目光裡的憂傷
只是你不願意和別人講

3

這天晚上我又來到了這裡
不久飄來了你香水的氣息
你走過來對我一個人說
問我是否
在這裡
在等你

4

那裡有一場美麗的煙火
我知道你一定不願意錯過
曾經的你也想過去流浪
就在這個路口
你對我說

5
總有一天我們背起了行囊
坐在星空下望著遠方
你會把你的故事對我講
然後靠在我的肩膀

2010.9

看海

1

這是一個晴朗的午後
陽光明媚你睡醒了沒有
想不想去海邊走一走
去聽聽來自浪花的問候

2

你是否也厭倦了這裡
想要遠離這城市的擁擠
星空下天真的我和你
不去玩猜疑的遊戲

3

在這紛亂節奏的背後
每次都有想逃離的沖動
我們已經不會再懵懂
只有你能帶我告別平庸

4

我們盡情跳舞
忘了煩惱一起歡樂
一起回憶那些兒時的童話
請你快點告訴我
這才是我們想要的生活
就現在不要錯過

5
好想和你一起去看海
牽著你的手走在海邊
因為有你
天空才會那麼藍
好想和你一起去看海
和你光著腳踩在沙灘
我看著你
在海風裡
向你表白

2010.10

見到你

1

每次旅途走在路上
只為遇見你
你天真迷人的樣子
是最美麗的風景
你的微笑給我勇氣
像雨後的天晴
帶我度過那黑夜
來到黎明

2

給你寫了一張明信片
等待你的消息
不知道你現在的心情
是憂傷還是歡喜
多想每次和你相遇
不只是在夢裡
多想能在下一秒
就能見到你

3

喜歡你透明的雙眼
喜歡你的聲音
我會大聲地告訴你
不是悄悄地
每次淹沒在人群裡
我還是會孤寂

因為現在
我只想見到你

4
每天都想見到你
每天都在問自己
我能想到最浪漫的
就是能和你在一起
每天都想見到你
請你不要獨自地離去
在你寂寞的心裡
有我
在等你

2010.11

後記

　　寫詩是一種習慣，在遠離浮華的思想裡，去思考和表達一種最真誠的美好和最真實的存在。感謝北大哲學系知性美女博士劉卡同學充滿詩意的封面繪畫，讓那個有些孤單的風車感受到了一絲久違的溫暖。無論那個遙遠的地方有多遠，在夢醒後的清晨，在沒有終點的路上，那些漸漸成熟的年輕人，也無法忘記那一個個與青春有關的夜晚。

張冠

2015 年 6 月於美國洛杉磯

遙遠的地方有個秘密（張冠詩集）

A Secret in a Distant Place

作　　者／張冠（Guan Zhang）
出版者／美商 EHGBooks 微出版公司
發行者／漢世紀數位文化（股）公司
臺灣學人出版網：http：//www.TaiwanFellowship.org
地　　址／106 臺北市大安區敦化南路 2 段 1 號 4 樓
電　　話／02-2707-9001 轉 616-617
印　　刷／漢世紀古騰堡®數位出版 POD 雲端科技
出版日期／2015 年 8 月（亞馬遜 Kindle 電子書同步出版）
總經銷／Amazon.com
臺灣銷售網／三民網路書店：http：//www.sanmin.com.tw
　　　　　三民書局復北店
　　　　　地址/104 臺北市復興北路 386 號
　　　　　電話/02-2500-6600
　　　　　三民書局重南店
　　　　　地址/100 臺北市重慶南路一段 61 號
　　　　　電話/02-2361-7511
全省金石網路書店：http：//www.kingstone.com.tw
定　　價／新臺幣 200 元（美金 7 元 / 人民幣 40 元）

2015 年版權美國登記，未經授權不許翻印全文或部分及翻譯為其他語言或文字。
2015 © United States，Permission required for reproduction，or translation in whole or part.

www.ingramcontent.com/pod-product-compliance
Lightning Source LLC
LaVergne TN
LVHW091935070526
838200LV00069B/1773